AF216894

www.united-pc.eu

# horst lothar renner

# wortspende

## arrangement für eine männliche stimme

es war

    es war

        es war

           es war

               wie üblich

                nacht

          wie immer

        ein geplanter abschied

aus

    ende

        nichts

wie vorher

wie davor

           aber

zu glauben

           der glaube

ich glaube nichts

was mit glauben

mit dem glauben

      zu tun hat

ich weiss

    dass

        dies

ein persönliches statement

ist

nicht bindend

aber bezeichnend

und verbindlich

    wie

die

    endliche unendlichkeit

oder

    die

        unendliche endlichkeit

was die nacht und den tag verbindet

        ist die

dämmerung

was von ufer zu ufer führt

    ist die brücke

und was den ertrinkenden retten könnte

bleibt zufall

nein

keine bestimmung

und kein glaube teilt das wasser

wer trockenen fusses durchs leben gehen möchte

muss im trockenen bleiben

und wer ans andere ufer will

boot und brückenlos

muss schwimmen

oder fliegen

oder springen

oder warten

worauf

die untertunnelung ist machbar

die technik hat das alte alter längst verlassen

und wer am ufer sitzt und denkt

hat gute chancen

wegzukommen

und

bei sich zu bleiben

da

    dort

        ja

da

    dort

        ja

da

    dort

        ja

bei

    da

        und

           dort

ja

da gibt es

kein anderswo

wenn wir auch vieles

                nicht wissen

und wenig

      nicht glauben

nein

    kein anderswo

und

                  zeit zum nachdenken

die interreligionen müssen

ja

    müssen

gelöscht werden

unauslöschlich

für immer

überall

die menschen haben die religion  gemacht

gelebt

    und leben sie noch immer

und auf leben

        folgt der tod

folgt ein neues leben

folgt ein leben

        ohne flucht

wirklichkeit als fundament

mit beiden beinen

           im

sand stehen

und den horizont

mit dem leben verbinden

und mit einem bein

         vor dem anderen

den zwischenraum erkunden

was greifbar nahe ist

                 was fern

      doch nicht zu weit

und auch die sicht nach oben

ob wolkenverhangen

        oder klar

endet nur zeitbezogen

die heutige sicht

und die sicht von morgen

sind schon vergangenheit

nur die gedanken

       formen die zukunft

und

eindrucksvoll

sind die entwürfe

landschaften aus nichts und nichts und nichts und

landschaften aus viel und viel und viel und

landschaften aus mehr und mehr und mehr und

landschaften aus wenig und wenig und wenig und

landschaften aus und und und und und und

die launen der natur

bereichern das gemälde

der rahmen

der ist handgemacht

die ausstellung

läuft kurze zeit

die auslastung

hält sich in grenzen

die rezension

die

sagt nichts aus

der horizont bleibt wo er ist

und die glocken fliegen nach rom

der papst bekommt neue zähne

er beisst sich

                               fest

rondo

er lächelt vor sich hin

es ist lächerlich

er lacht

es ist lachhaft

rondo

er spendet den segen

für uns

nicht das vermögen

an uns

rondo

er hebt seinen rock

zeigt uns die schuhe

zeigt uns die farbe

                              rot ist sie nicht

rondo

der ausflug hat ein ende

die rückkehr

      wird eingeläutet

die welt ist in ordnung

                  und

rund

und

    was bewiesen wurde

           und bewiesen ist

muss man nicht glauben

        schrank achtundsiebzig

        schublade neunzehn

jetzt ist es zeit

oder

    es ergibt sich so

oder

    es ist eine möglichkeit

    eine massnahme

    nur eine ausflucht

weiterzublättern

um einer stark verkürzten geschichte

zu folgen

auf der einen seite

die frau

auf der anderen seite

der mann

beide erzählen

sie von der liebe

er von der liebe

sie vom sex

am anfang

er vom anfang

sie von der mitte des lebens

er von der mitte des lebens

sie vom ende

er vom sex

am ende

da stimmen sie überein

sie sagt ja   und   ja sagt er

zur unergründlichkeit ihrer gefühle

die trennungen waren das schlimmste

dieses auseinanderreissen

zuerst

     fielen die zähne aus

dann

    die haare

schwarz schwarz

        fahl

           aschfahl

                weiss

der blonde spielte

        den servicemann

        den reisebegleiter

        den wärter

        den bademeister

        den heizer

        den massenmörder

spielte er perfekt

es war die rolle seines lebens

es war das dokumentierte böse

das stück wird wieder aufgenommen

mit jüngeren akteuren

kulissen werden angepasst

                 und wurden

der wald ist leer

der wald ist finster

die fauna ist erfroren

das wild sucht einen neuen platz

                  zum sterben

und nur die juden

        sind juden

             sind juden

                 und bleiben

juden

auch wenn die kerzen

          erloschen sind

der stern

     verdeckt

und der mond

       explodiert ist

                    nie mehr wieder

mit vollem mund angekündigt

als leere floskel

                    enttarnt

nie wieder

                    nie wieder

                                        nie wieder

nie mehr wieder

                    dieses nie wieder

der trotteltracht  kaum entledigt

wurde sie wieder umgehängt

durch farbe und muster

                    verändert

war sie ausdruck

der neuen zeit

    der alten zeit

der neuen gesinnung

    der alten gesinnung

der neuen verbrechen

    und der alten

was zeichnete sie aus

          die alte zeit

die gute

die gute

    alte zeit

zerflossene erinnerungen

verfälschte hörspiele

flimmernde filme

    dickliche schenkel

          volle brüste

                mehlige körper

auf braunem papier

hochglanzfotografien

wahrscheinlich der einzige glanz

der heute noch glänzt

erinnerungslücken

          zum netz

verwoben

und das netz

      ausgeworfen

langsam sank es in die tiefe

spiegelglatt war sie wieder

die wasseroberfläche

alles

    was zu sehen war

war zu sehen

fast alles

seeblick

    mit zimmer

                verkehrte welt

urlaub

    in den bergen

frühstück

    im tal

frühstück

    mit seeblick

mit dem blick auf die berge

mit dem blick auf den see

mit dem blick auf hintergründe

             teilweise nur

bergsicht

    ist nicht talsicht

bergsicht

    ist flächig

    ist schwarzweiss

    ist ausschnittbegrenzt

    ist grauschattiert

                mit etwas grün

bergsicht

    ist immer ein weg

bergsicht

    ist aufstieg

        ist sieg

und                du krallst dich in den fels

ziehst dich hoch

meter um meter

den letzten meter

du schaust in die runde

und fühlst

hier braucht es keine illusionen mehr

die wahrheit

       muss zumindest erwähnt werden

auch wenn sie nicht fassbar ist

ist sie teil

       eines geständnisses

wie wahr

    war

       wahres

in der vergangenheit

wie wahr

   ist

      wahres

in der gegenwart

wie wahr

   ist

      wahres

überhaupt

die wahrheit

    ist

         abwaschbar

ein kaleidoskop der nichtigkeiten

hört

   hört

            die gesänge

              sie

                 ja sie

kreischen

   und brüllen

       und

mit überschlagenden stimmen

             stimmen sie zu

sie

   ja sie

wer mitmachen will

ist eingeladen

kann sich einreihen

kann mitmaschieren

kann auch mitglied werden

die tür

   ist offen

weit

      sperr            angel        weit

der eintritt

      ist frei

noch

bezahlt wird später

bezahlt wird immer

bezahlen ist ein muss

so steht es

      auf der rechnung

und die

      soviel man weiss

bekommt ein jeder

nichts ist auf dauer

gratis

aber fast alles

umsonst

trotzdem

versuchen muss man es

den versuch ist es wert

der wert

      ist der versuch

die wertigkeit

        liegt im

immer wieder

immer verlieren

        und wieder verlieren

und

    besser verlieren

weiter verlieren

        weiter verlieren

                ja weiter verlieren

bis zum

näherkommen

bis es

    zum greifen nahe ist

danach greifen greifen und greifen danach greifen

und wieder greifen greifen und greifen  danach und

wieder greifen und wieder greifen und wieder und

        fast

kurze pause

denkpause

pausengespräche

pausengespräche

haben nichts

meistens

haben nichts

mit dem

vor

oder nachher

zu tun

es ist ein

persönlicher

nichtssagender

intimer

unverbindlicher

wiederkehrender

dialog

über nebensächlichkeiten

merkunwürdig

25

würde ich sagen

hätten sie

oder sie und er

eine wortspende einzubringen

wäre die geschichte

schon auf den punkt gebracht

beginnender anfang

mittlere mitte

endendes ende

blau

blau

ist die fantasie

eingerollt

zugebunden

jungfräulich

verschlossen

auch nach der geburt

auch danach

heilig ist der zwischenraum

und angreifbar

kam nicht

kommt

    kommt

kommt und kommt

kommt

    zuletzt

rot und grün

        leuchtet das licht

positionsgeil

ein schwarzer strich

        steht für meer

und nebel

    liegt über der lagune

hinter palastmauern

in rotbraun

    ocker

        schimmel

ervögeln

    sich zwei

den sonnenschein

stille

liegt

              ruhe

            herrscht

                       über

                       und

                     überall

      vereinbarungen werde getroffen

haare gewaschen

geföhnt

gekämmt

und in wunderliche form

             gebracht

im spiegel findet sich alles wieder

der zeigt nacktheit

plötzlich

      deutlich als blösse

denn allein vor dem spiegel

schneidet der körper

grimassen

mit dunklem anzug

        mit abendkleid

dagegen

bewegt man sich auf augenhöhe

        das spiel kann beginnen

kniende

    hockende

        liegende

           menschen

gestalten menschen

kniend

hockend

liegend

und die

    die sitzen

mit aufgesperrten augen und mündern

werden zu zeugen

wie sich das weisse tuch über die gestalten legt

über die knienden

      die hockenden und liegenden

es ist ein riesiges tuch

ein sich bewegendes tuch

ein tuch

    mit erhebungen und vertiefungen

welle

    um welle

      um welle rollt an

        und

ein wimmern

    ein weinen

      ein stöhnen

ertönt

überlagert von der brandung

vom schlagen der wassermassen

gegen die steilküste

oder

es folgen wackelige amateuraufnahmen

vom rettungsversuch verschütteter

aus einer abgehenden lawine

leichentuch

leinentuch

rhythmische bewegung

                    stampfende bewegung

unkontrollierte zuckungen

da

                  plötzliches emporschnellen

dort

der sturm fährt ins getreidefeld

es wogt es wogt es wogt es wogt und wogt  und

minimale sicht

               oder maximale sicht

hängt nicht nur aber doch

                    vom einkommen ab

parkett

      parterre

           balkon

              rang

                  galerie

und nicht zu vergessen

die logen und die stehplätze

tuch

       leinentuch

             leichentuch

     blitzlichtgewitter

donner

schuss

schüsse

mehrere männer kriechen über die bühne

über hügel

     und mulden

und stechen zu

vereinzelt

    dann mehr

       und mehr

rote flecken

rote flächen

weiss

    saugt sich voll

aus dem weissen tuch

wird eine rote landschaft

eine leblose landschaft

blut

    tropft von der rampe

                rinnt

                    fliest

ergiesst sich in strömen in den

           zuschauerraum

panik bricht aus

die besucher verlassen fluchtartig den schauplatz

und regen bedeckt den boden

und nicht nur der

und die

haben blut an ihren schuhen

und das

vermischt sich mit dem wasser

und zieht spuren

zieht spuren nach osten

               nach süden

                  nach westen

und nach norden

die arktische kälte kommt von oben

schneewind

        umheult die felder

und der atem

        lässt eisblumen erblühen

wärme gibt es nur drinnen

feuer

    funken

        rauch

und die hände umschliessen

            das warme glas

der blick geht nach draussen

in der ferne ziehen berge vorbei

und in der finsternis

ist es das eigene gesicht

die frage ist immer die gleiche

wie lange noch

und es besteht hoffnung

berechtigte hoffnung

denn der zug fährt nach süden

ablauf der route nach westen

eine alternative

tunnellang

    flach

       schattenverziert

novembergrau

       oder manchmal auch weiss

vorstellungen

wandern ins archiv

land land

und

   über den atlantik

land land

und

   über den pazifik

land land

und

   land land

und heimgekehrt

so erfindet sich geschichte

was drinnen geschieht

reisst die stille nicht auf

und

    was draussen passiert

    wird zum opfer des vergessens

in memoriam

in memoriam

suchbild

    und register

müllhalde

    der erinnerungen

spendenaufruf

    des

        schlechten

           gewissens

und

    von der moralpredigt

    zum verbrechen

        ist es nur

ein schritt

kommt von der erde

in die hölle

                              fällt vom himmel

                                auf die erde

            piano

faltet die hände

bewegt den mund

                              hände um hände

                            münder um münder

            piano

kniend auf holz

und stehend auf stein

                            gekrümmte rücken

                          schwankende leiber

            piano

sünder

ohne verstand

                              ohne verstehen

                                der sünden

            piano

und die christen sind christen sind christen

verzeihen manchmal

verzichten oft

und beichten

was es so zu beichten gibt

ja

das alltägliche leben

das üppige essen

den beischlaf

mit der nachbarin

mit der freundin des freundes

mit einer unbekannten

und beichten die orte der vergehen

das bett

die wiese

das stundenhotel

und werden mit strafe belegt

zehnmal den vater

elfmal den sohn

und zwölfmal den heiligen geist

sie tun

      wie geheissen

und lassen die absichten

absichten sein

grundlose abgründe tun sich auf

und kommen

        kommen

nein

     kommen nicht ans licht

nein

das lachen von aussen

wird als provokation empfunden

alles von draussen

wird so empfunden

was nicht eingebunden ist

wird ausgegrenzt

und das lachen zerschellt an der mauer

doch das lächerlich sein

           bleibt

denn dieser heiligenschein ist nur schein

es

ist

zu stillen

der hunger

der durst

das sexuelle

verlangen

die liebe

kommt

wenn die liebe

kommt

ach knabe

ach knabe

such dein glück

oh mädchen

oh mädchen

schau nicht zurück

und die pappelallee wird schmäler und schmäler

wird enger und enger

und undurchschaubar

butzenscheiben

          milchglas

glas

   glas

zersplittert

      zerschlagen

vor einem scherbenhaufen

stehend

und

das dasein

      reflektierend

sich selber

     und andere

bekannte

     und unbekannte

freunde

feinde

vergessene

     und unvergessene

wiedersehend

neu sehend

und

    sehend

in die falle getappt

die scheuklappen

        getragen

den blick nach vorn gerichtet

nur gesehen

was dem wunschbild

        gerecht wurde

erweitertes wunschbild

verändertes wunschbild

neues bild

neues leben

neue welt

veränderungen akzeptiert

und

akzeptiert

      auch

den widerspruch

denn

von schönheit befreit

setzt sich

      freiheit frei

das dirigat beschwört neue formen

lässt melodien zerbrechen

und ungehörtes

           hörbar werden

bis jetzt

     heisst

ab sofort

      ab nun

die unvollendete

         wird vollendet

den vier letzten liedern

           wird ein fünftes angefügt

und dem ersten satz der zehnten sinfonie

wird ein zweiter satz

         ein dritter

und ein vierter satz nachkomponiert

und ton

   für ton

      für ton

         für ton

            und ton

               für ton

einzeln

   oder verbunden

und klangbild

      oder klangfläche

         oder klanggemetzel

rieselt

   fliesst

      strömt

         ergiesst sich

            und wird

zu musik

dem stärksten ausdruck

dem starken ausdruck

        menschlichen kultur

umso mehr

umso mehr

umso mehr man denkt

umso mehr

        kann man geniessen

umso mehr

wie auch immer

was auch immer

ja

  leichtigkeit

breitet sich aus

die arroganz

        der eingeweihten

bringt verletzlichkeit

ins hintertreffen

aufgenommen

        angenommen

           einverleibt

und was geboten wird

wird ohne vorbehalt auch angenommen

bei wissenden

gehört der vorbehalt

        zum wissen

        es

        braucht ihn nicht

bei dummen

gehört der vorbehalt

        zur dummheit

        er

        ist angstbedingt

und unablässig schreien sich vorbehalte

in den vordergrund

gesellschaftsspiele

        bedrohen

die spieler

und laut

        äussert sich furcht

und laut

        sind die argumente

die keine sind

gesprächig

    schwatzhaft

        mitteilungs

bedürftig

ja

  bedürftig

am allgemeinen zustand gemessen

bettlägerig

infusionserwartend

leibschüsselsitzend

        und

        nicht und

        aber

dahinbrabbelnd

murmelnd

seufzend

zischend

glucksend

gurgelnd

    doch forsch nach hilfe rufend

eines

    muss festgehalten werden

etwas

    das so oft auf der zunge liegt

und

    wieder und wieder und wieder

und

    wieder verwendet wird

immer wieder

nein

    allgemein

in kein interessantes vokabel

nein

    allgemein

ist nicht von interesse

nein

    definitiv nicht

aber

    allgemein

ist die heimat aller notwendigkeiten

dazu eine notwendige

        feststellung

im umkreis

nichts neues

das hellerleuchtete fenster beobachtet

stunde

    um stunde

        so an die drei

zu dem hellen fleck im dunklen empor gestarrt

stunde

    um stunde

        noch eine vierte

verzweifelt versucht

etwas auszumachen

mehr zu sehen

        als die schatten an der decke

schatten

    die kreisten

    die sich berührten

    die sich überlagerten

bewegliche schatten

tanzende schatten

sich umarmende schatten

schattenspiele

übersetzung der realität

           möglicherweise

doch was sich am boden abspielt

kann der film nicht zeigen

nicht in schwarz weiss

und in farbe

       agiert

nur die fantasie

und die

      lässt böses ahnen

      lässt dieses immer schon gewusst

nicht mehr aus dem kopf

          ein essen zu zweit

             untreue

              betrug

       und sexuelle befriedigung

                                        was sonst

was sonst

          spielt sich so ab

im kopf

im männerkopf

lass frauen für die frauen sprechen

und kinder für die kinder

die sprache ist es nicht

und doch ist es die sprache

und was erschwerend ist

                              und wird

das ist

verstehen

das wort steht ausgesprochen

                              steht im raum

und trifft

          und trifft nicht

nein

          verfehlt

das ziel

grau

   grau

                         alles

                     umschlossen

                         alles

                     in händen

            t

            r

            o

            t

            z

            d

            e

            m

kein erkennen

kein erbarmen

ohne schuld

                         kein wasser

                           kein brot

                  ohne glanz die augen

ein verschleierter blick

                    ins uferlose

ein griff

        ins unfassbare

und ein schrei

           ins echofreie

sabbernd dahin gekrochen

weiter gerobbt

zentimeter

        um zentimeter

schmutz

        schob sich unter die nägel

hand

      vor hand

          vor hand

wurde der körper nachgezogen

schleifspur im dreck

schleifspur

         der vergangenheit

und der vagen erinnerung

ich weiss nicht

was vorher war

        und ich weiss nicht

      was nachher sein wird

    was ich weiss

    weiss ich jetzt

    sinnspruch

    zwei fünfzehn

in holz geschnitzt

    in stein gemeisselt

      in kupfer geschlagen

vergrabene

    begrabene

    zugeschüttete

bilder der vergangenheit

und für die gegenwart gelten die gleichen regeln

wie

    schnittblumen in der vase

und

    kerzenlicht in der laterne

äusserlichkeiten verändern sich fast nie

oder zögerlich

die sozialisation

                    durch die persönliche umgebung

spielt ihre macht aus

hält einen spiegel bereit

schliesst ein

          schliesst aus

               und fällt das urteil

vorurteilgestützt

             war immer so

was gestern gut war

            kann doch heute nicht schlecht sein

haben wir auch früher so gemacht

was sich bewährt hat

             soll man nicht ändern

war und war und war

            und

               ist und ist und ist

        bleibt für die ewigkeit

einzementiert

denkmäler

　　　müssen gestürzt

werden

mahnmale

　　　vergoldet

vergeblich blüht der raps

wenn goldregen

　　　erwartet wird

　　und vergeblich sind die worte

　　und vergeblich sind die zeichen

　　und vergeblich sind die signale

　　und vergeblich ist die mühe

　　　　　bei diesem gegenüber

ja

　　vergeblich

und

resignation breitet sich aus

macht krank

　　　und unnahbar

eingepasst in das zimmer

erdrückt von den wänden

bedrückt von der stimmung

wohnungsblass

           die haut

das gesicht

        die mimik

eigentlich nicht vorhanden

wie kann sich nicht vorhandenes

bemerkbar machen

sichtbar werden

die schwere luft

          lässt kaum ein atmen

                      zu

zu wenig

      licht

zu wenig

      wärme

nur einsamkeit

flutet den raum

und

    feuchtigkeit kriecht

    aus den mauern

hilf

    losigkeit

    lässt jeden schrei ersticken

urin

    tropft braun zu boden

und

    blut

und

    schweiss

kein

    wort

kein

    laut

und

    keine geste

ver

    weisen auf ein morgen

das aber kommt

die augen wieder geöffnet

zum wievielten mal

ungezählt

auf

   auf

und den tag

durchschritten

durch gelitten

bis zum

   zu

    zu

mit schneeschuhen

und nackten beinen

und schuh los

über glühende kohlen

gegangen

zwischen

auf

und          zu

an windigen tagen

        laub gekehrt

in die eine richtung

        umsonst

        und umsonst

in die andere richtung

bring doch die arbeit zu ende

warum

geh deinen weg

warum

lebe dein leben

warum

hör auf dein herz

warum

und den verstand

warum

hör auf das herz

        ja

dieses pochen und pochen und schlagen

hört noch nicht auf

ist in bewegung

      schlägt

           und

              schlägt

           und

schlägt zu

verändert die sicht

verändert die welt

verändert die sicht

          aus einer kurzsichtigen

sicht

jedes detail

jedes gebot

      und jedes

verbot

jede lebensäusserung

        und

jedes todesurteil

ist teil des ganzen

ist ausdruck einer religion

und die muslime sind muslime sind muslime

vom osten gesehen

        in ordenstracht

vom westen gesehen

        im abendkleid

              presto

und von den männern

gilt nur einer

        nicht der mit dem weissen bart

        nicht der mit dem dicken bauch

              presto

nur der eine

der alleine

        der alles hat

        nur kein gesicht

              presto

und der koran ist ein buch

eines von vielen

eben ein buch nur ein buch ein buch eben

              presto

und den kopf

in den sand

und den arsch

gegen himmel

    und den kopf

    in den sand

    und den arsch

    gegen himmel

        und den kopf

        in den sand

        und den arsch

        gegen himmel

gerichtet

gemurmel

    gemurmel

        gemurmel

hebt an

    braust auf

        verebbt

   und blut steigt in die köpfe

und neben der wolke

dort

    wo die engel zuhause sind

erwarten

    ja natürlich nebenan

dort

im paradies

warten

    unzählige jungfrauen

auf dschihadistenschwänze

auf diese grindigen

    stinkenden

    kampferprobten

stücke

ja

    so schön kann das leben

        sein

wenn man daran glaubt

ja ja

    es ist wirklich kaum zu glauben

und milch und honig

fliessen

und whisky

       und bier

und verschönern

         das dasein

wem das einfache

         dasein

zu wenig ist

wird auch wenig finden

vielleicht da

sicher nicht

       dort

denn

    was man nicht beschreiben kann

muss man zeigen

und was sich nicht zeigen lässt

darüber muss man

       reden

ohne unterlass

pausenlos

immer

die freude ist geteilt

und geteilt ist die freude

                    der frauen

denn das schöne

                    lässt sich nur erleben

wenn die fantasie

                    in die wirklichkeit

führt

blau geaderte sehr weisse hand

stellt die tassen

                    auf den tisch

kaffe

                    leitet das erwachen ein

und der braune spritzer

                    auf damast

gilt als dekor

ein eigelber fleck

                    spielt den tupfen auf dem i

doch die beherrschende farbe

ist

rot

ein kräftiges rot

ein himbeermarmelade rot

ein rot

    das sich nicht nur

        frühstücksbedingt

        in den mittelpunkt

stellt

nein

    dieses rot

zeigt gesinnung

zeigt verantwortung

zeigt brüderlichkeit

    schwesterlichkeit

    menschlichkeit

    gleichheit

und

    eine neue freiheit

und diese freiheit

gleicht einer reise

           ins ungewisse

es ist nichts gebucht

nichts vorbestellt

nichts angezahlt

und auch nichts

         vor

besichtigt

nur wünsche

         wurden deponiert

einzeln

     aber für alle

gemeinsam

        aber mit bedacht

auf den einzelnen

es ist ein gescheiterter traum

der sich nun neu erfüllen soll

vom traum

        zum lebbaren erwachen

soldatenlieder

        klingen aus

                  die zeit

                  die zeit

und der romantik touch

bleibt auf der strecke

                  die zeit

                  die zeit

die zeit

        lässt keine wiederholung zu

obwohl

die chöre singen

        altbekannte melodien

und nur die texte

        sind vom neuen geist

gestreift

verbrüderung

        ist schwieriger geworden

die stammtische in bruchstücke

zerschlagen

die worte treffen auf kein ziel

die nachbarwohnung ist versperrt

die sprache hat an wert verloren

zum offiziellen kurs

die wahrheit liegt im gold

liegt nicht im wein

weit hinten steht die lehre an

und leere

ist im überfluss vorhanden

was mächtig ist

ist nicht die macht

der bürger

es ist die macht

der mächtigen

doch wer besitzt

kann sich nicht sicher sein

dass

gold nicht schmilzt

und

geld nicht brennt

doch feuer

    lodert

       flackert

          glost

und ändert

die verhälnisse

denn reichtum

      ist nun

glut und asche

und mehrwert

      wird zum wert

für alle

das feuer

    lodert

       flackert

          glost

und wartet

auf den wind

und wartet

auf den sturm

zur zeit

        herrscht allerdings

                noch flaute

der windmesser

        dreht keine kreise

das barometer

        zeigt

veränderlich

vielleicht

      kommt regen

oder schnee

wer weiss

        wer weiss es schon

                wer weiss

was die gespräche bringen

der anlauf ist gemacht

ein ablauf vorgezeichnet

durchs protokoll

zieht sich

      ein roter faden

wir denken

        denken

nur in eine richtung

dem urknall

        in verruf geraten

huldigen wir

        immer noch

willkürlich ist jedoch

die interpretation

modelle haben ablaufdaten

und was sich abspielt

        was auch immer

kann vieles sein

        sind aber keine

mechanismen

wo denken stattfindet

lässt sich genau beschreiben

wie denken abläuft

bleibt jedoch

        im dunklen

entweder

        oder

bietet keine lösung an

                   und löst auch

keine widersprüche

der mensch ist widerspruch

                     in sich

die selbstverwirklichung

stösst sich an

           anderen

wer nur die praxis sieht

sieht nicht den sinn

             im leben

die dialektik

         lässt auch andere

                 kulturen

zu

wir reisen um die welt

wir bleiben wo wir sind

wir leben einfach so

zwischen nähe und weite

zwischen friedhof und strand

zwischen dir und mir

zwischen uns und anderen

zwischen arbeit und musse

zwischen freund und feind

zwischen freude und leid

zwischen heute und morgen

zwischen unlust und lust

zwischen begehren und begierde

zwischen gewinn und verlust

zwischen gut und böse

zwischen verständnis und unverständnis

zwischen wunsch und erfüllung

zwischen leise und laut

zwischen gross und klein

zwischen heiter und traurig

zwischen ohnmacht und macht

zwischen schwarz und weiss

dazwischen

irgendwo dazwischen

liegt das gedachte

das gesagte

das besprochene

im kleinen kreis

ist öffentlichkeit gegeben

und in der öffentlichkeit

ist intimität möglich

wir sind unter uns

wir bleiben unter uns

wir stellen fragen

der lautpegel schwillt an

die stimmen

werden mehr

kräftige überlagern

schwache

und schwache stimmen

füllen die pausen

den nebel der sprache

lichtet der klang der glocke

und eine einzige stimme

beschallt nun den raum

es ist eine männliche stimme

autoritär

               beherrschend

                              endgültig

und deutlich ist es zu hören

                              dieses

last order

        please

last order

**anmerkung:**

eine adäquate musikalische untermalung des
textes könnte die wirkung des vortrages erhöhen.

hlr

## horst lothar renner

geb. 1936 in wien. lebt und arbeitet in wien.
veröffentlichungen von lyrik und prosa.
aufführungen von theaterstücken und hörspielen.
teilnahme an ausstellungen „visuelle poesie" im in-
und ausland.
auszeichnungen: preise für prosa, hörspiel und
lyrik.
buchveröffentlichungen:
annäherungsversuch – academic publishers, 2001
zeile um zeile – united p.c. verlag, 2015

wortspende widme ich meinem freund

peter schweiger,

der 1964 in der galerie nächst st. stephan

meinen text:

abcd, arrangement für eine männliche stimme,

perfekt umgesetzt – und virtuos vorgetragen hat.

79

FSC

www.fsc.org

MIX

Papier | Fördert
gute Waldnutzung

FSC® C083411

Zeitfracht Medien GmbH
Ferdinand-Jühlke-Straße 7
99095 Erfurt, Deutschland
produktsicherheit@kolibri360.de